Impressum
Verlag: BABADADA GmbH, Nedderfeld 112 , 22529 Hamburg
Geschäftsführer / Verlagsleitung: Harald Hof
Druck: Books on Demand GmbH, In de Tarpen 42, 22848 Norderstedt

Imprint
Publisher: BABADADA GmbH, Nedderfeld 112 , 22529 Hamburg, Germany
Managing Director / Publishing direction: Harald Hof
Print: Books on Demand GmbH, In de Tarpen 42, 22848 Norderstedt

學校

school

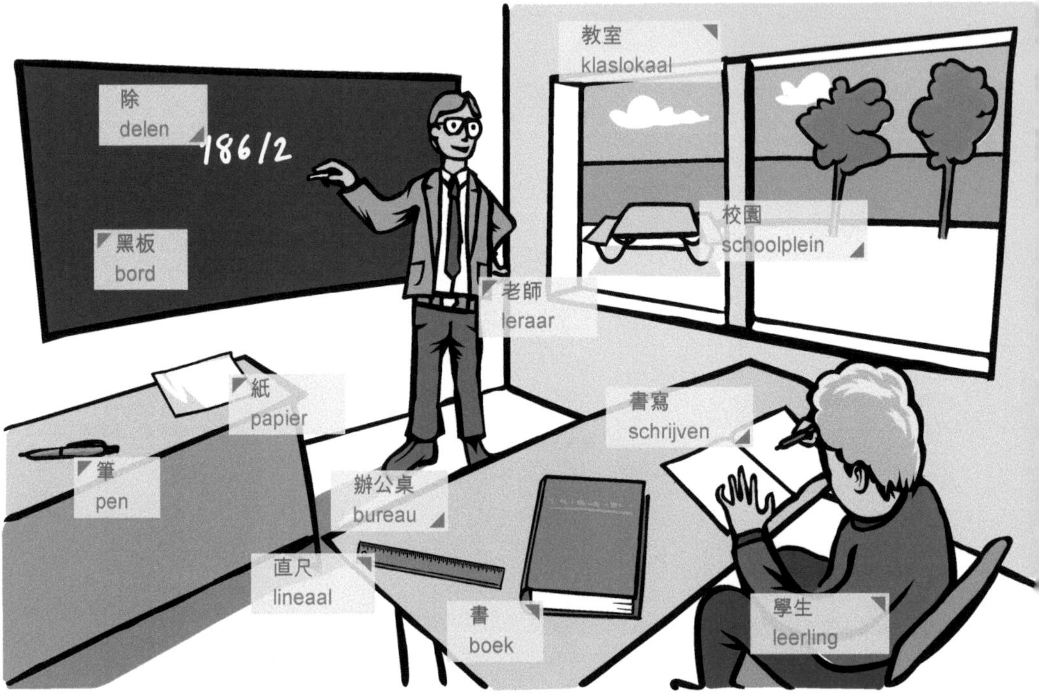
教室
klaslokaal
除
delen
186/2
黑板
bord
校園
schoolplein
老師
leraar
紙
papier
書寫
schrijven
筆
pen
辦公桌
bureau
直尺
lineaal
書
boek
學生
leerling

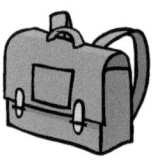

書包

schooltas

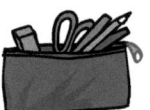

鉛筆盒

etui

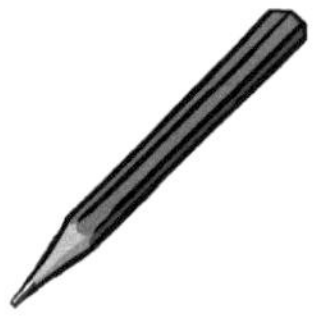

鉛筆

potlood

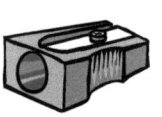

削鉛筆機

puntenslijper

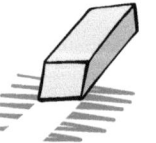

橡皮擦

gum

畫板

schetsblok

圖畫
tekening

畫筆
penseel

顏料盒
verfdoos

剪刀
schaar

膠水
lijm

練習冊
schrift

家庭作業
huiswerk

數字
getal

加
optellen

減
aftrekken

乘
vermenigvuldigen

計算
rekenen

字母
letter

字母表
alfabet

字
woord

課文

tekst

讀

lezen

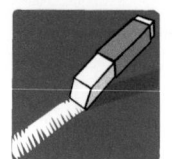

粉筆

krijt

上課

les

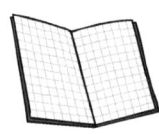

登記

klassenboek

考試

examen

證書

diploma

校服

schooluniform

教育

opleiding

百科全書

encyclopedie

大學

universiteit

顯微鏡

microscoop

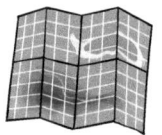

地圖

kaart

廢紙簍

prullenmand

旅行

reis

飯店
hotel
Grand
青年旅社
hostel
ROOMS
外幣兌換處
wisselkantoor
手提箱
koffer
汽車
auto

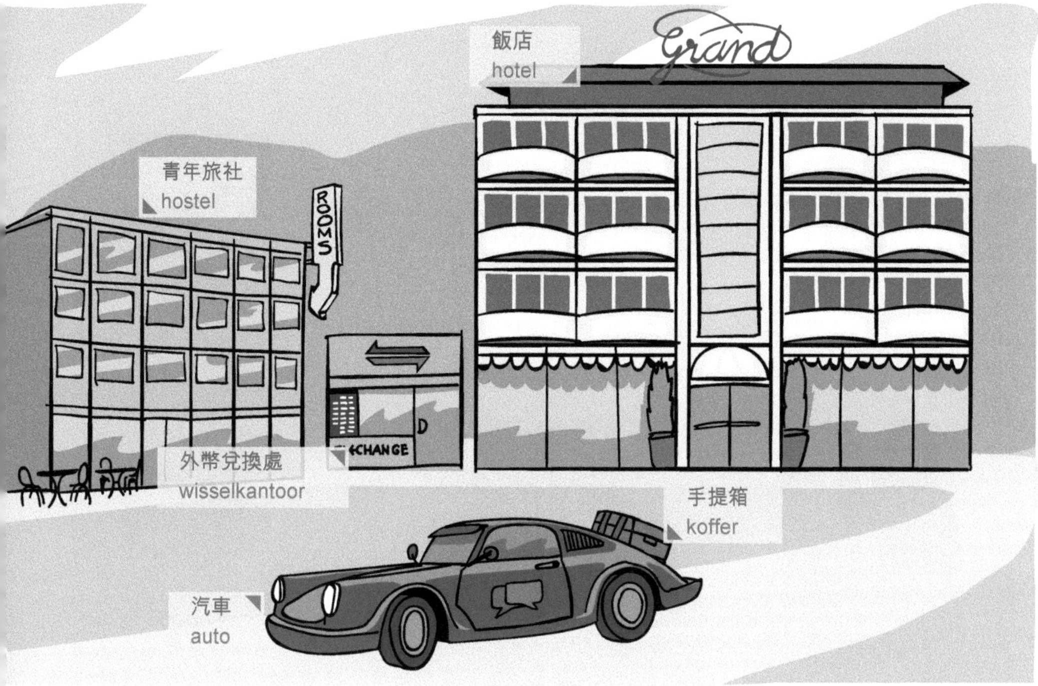

語言

taal

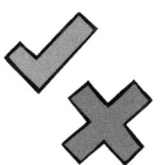

是/否

ja / nee

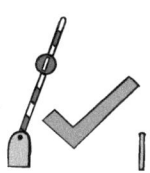

好的

oké

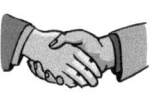

您好

Hallo!

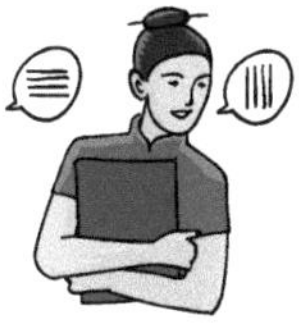

翻譯人員

tolk

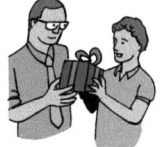

謝謝

Bedankt.

……多少錢？

Wat kost ...?

我不明白

Ik begrijp het niet.

問題

probleem

晚上好！

Goedenavond!

早上好！

Goedemorgen!

晚安！

Goedenacht!

再見

Tot ziens!

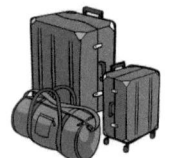

方向

richting

行李

bagage

包

tas

背包

rugzak

客人

gast

房間

kamer

睡袋

slaapzak

帳篷

tent

旅行資訊

VVV-kantoor

海灘

strand

信用卡

creditkaart

早餐

ontbijt

午餐

lunch

晚餐

diner

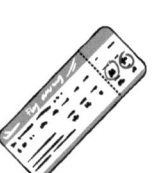

票

kaartje

電梯

lift

郵票

postzegel

邊界

grens

海關

douane

大使館

ambassade

簽證

visum

護照

paspoort

交通運送

transport

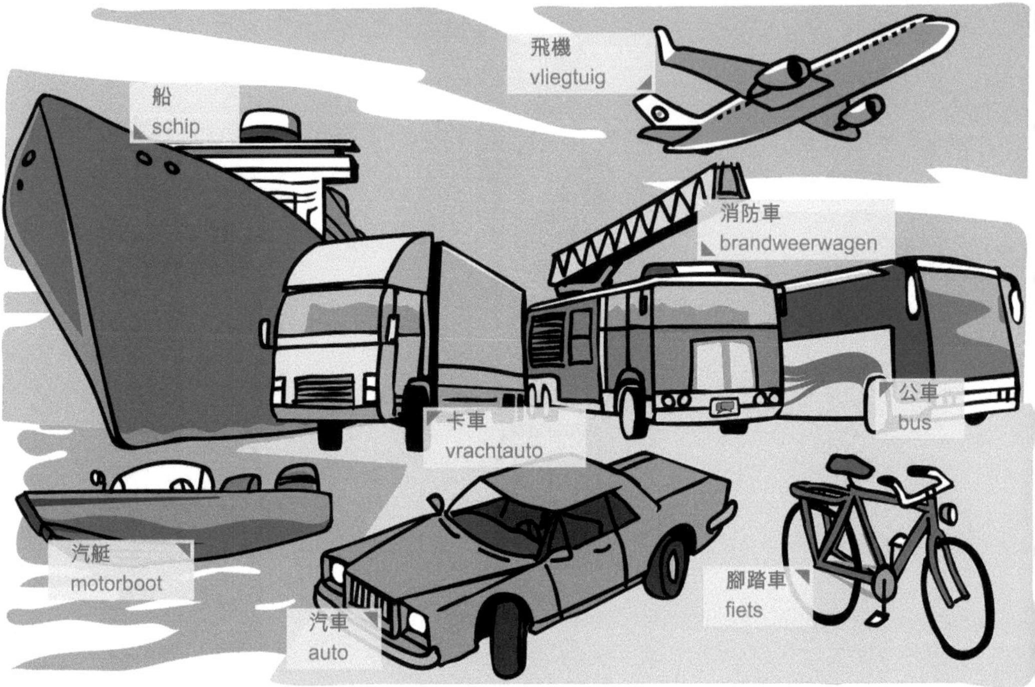

飛機
vliegtuig
船
schip
消防車
brandweerwagen
公車
bus
卡車
vrachtauto
汽艇
motorboot
腳踏車
fiets
汽車
auto

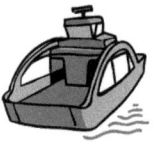

渡輪

veerboot

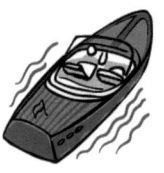

小船

boot

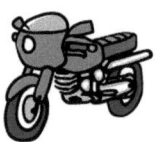

機車

motorfiets

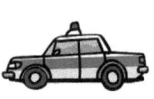

警車

politiewagen

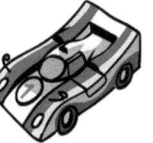

賽車

raceauto

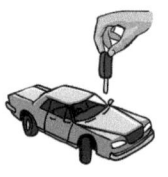

租車

huurauto

拼車

carsharing

拖車

takelwagen

垃圾車

vuilniswagen

馬達

motor

汽油

benzine

加油站

benzinepomp

交通標識

verkeersbord

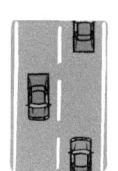

交通

verkeer

交通堵塞

file

停車場

parkeerplaats

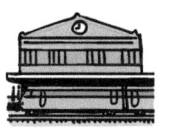

火車站

station

軌道

rails

火車

trein

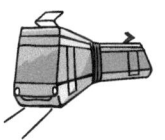

路面電車

tram

客車廂

wagon

直升機
helikopter

機場
luchthaven

塔
toren

乘客
passagier

集裝箱
container

紙板箱
verhuisdoos

手推車
kar

籃子
mand

起飛/降落
opstijgen / landen

城市
stad

村莊
dorp

市中心
stadscentrum

房子
huis

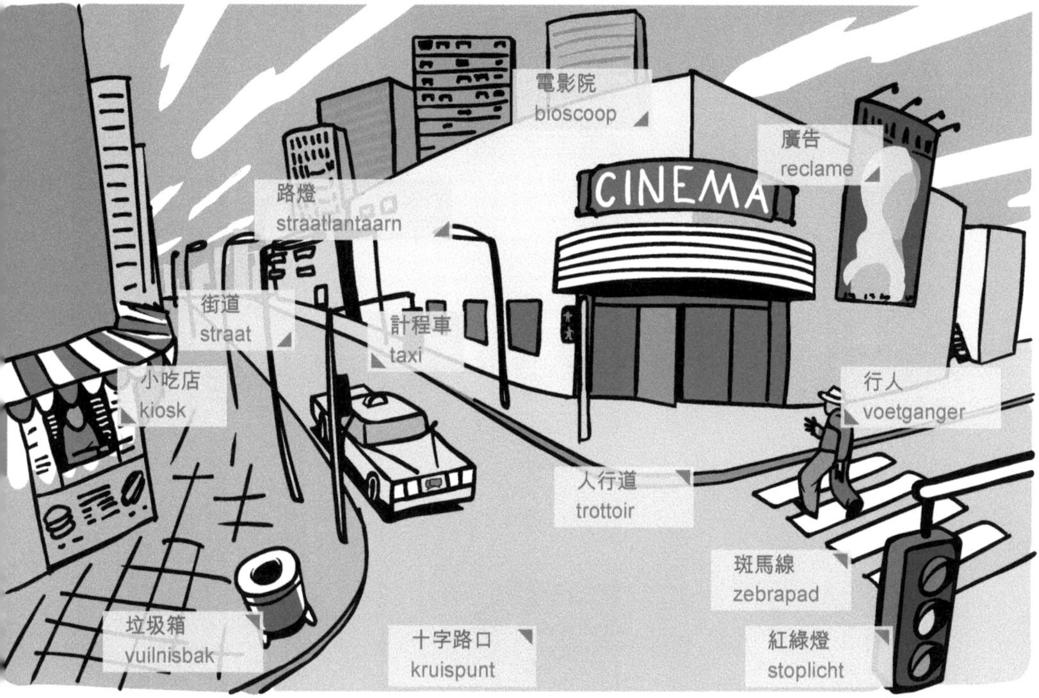

電影院
bioscoop
廣告
reclame
CINEMA
路燈
straatlantaarn
街道
straat
計程車
taxi
小吃店
kiosk
行人
voetganger
人行道
trottoir
斑馬線
zebrapad
垃圾箱
vuilnisbak
十字路口
kruispunt
紅綠燈
stoplicht

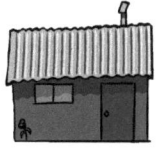

小屋

hut

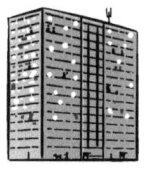

公寓

appartement

火車站

station

市政廳

stadhuis

MUSEUM

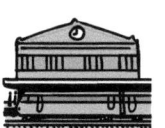

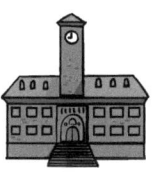

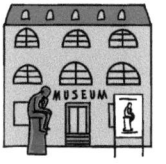

博物館

museum

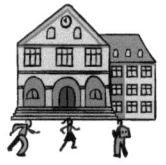

學校

school

大學

universiteit

銀行

bank

醫院

ziekenhuis

飯店

hotel

藥房

apotheek

辦公室

kantoor

書店

boekenwinkel

商店

winkel

花店

bloemenwinkel

超市

supermarkt

市場

markt

百貨商店

warenhuis

魚店

visboer

購物中心

winkelcentrum

海港

haven

公園

park

長凳

bank

橋

brug

樓梯

trap

捷運

metro

隧道

tunnel

公車站

bushalte

酒吧

bar

餐館

restaurant

郵筒

brievenbus

路標

straatnaambord

停車計時器

parkeermeter

動物園

dierentuin

游泳池

zwembad

清真寺

moskee

農場

boerderij

污染

vervuiling

墓地

begraafplaats

教堂

kerk

操場

speelplaats

寺廟

tempel

地形
landschap

樹葉
blad

指示牌
wegwijzer

路
weg

草地
weide

石頭
steen

樹
boom

徒步旅行者
wandelaar

河
rivier

草
gras

花
bloem

峽谷

vallei

丘陵

berg

湖

meer

森林

bos

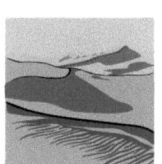

沙漠

woestijn

火山

vulkaan

城堡

kasteel

彩虹

regenboog

蘑菇

paddenstoel

棕櫚樹

palmboom

蚊子

mug

蒼蠅

vlieg

螞蟻

mier

蜜蜂

bij

蜘蛛

spin

甲蟲

kever

青蛙

kikker

松鼠

eekhoorn

刺蝟

egel

野兔

haas

貓頭鷹

uil

鳥

vogel

天鵝

zwaan

野豬

wild zwijn

鹿

hert

麋鹿

eland

水壩

stuwdam

風力發電機

windmolen

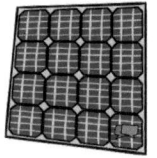

太陽能電池板

zonnepaneel

氣候

klimaat

餐館

restaurant

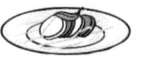

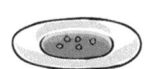

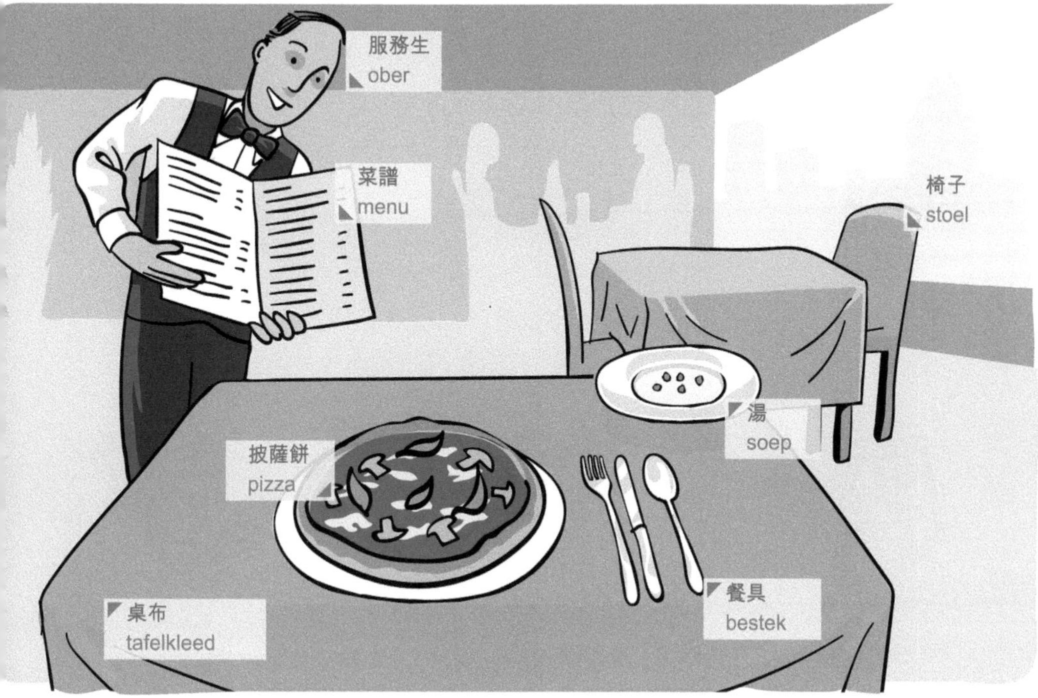
服務生
ober
菜譜
menu
椅子
stoel
湯
soep
披薩餅
pizza
餐具
bestek
桌布
tafelkleed

前菜

voorgerecht

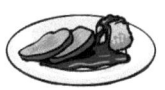

主菜

hoofdgerecht

甜點

toetje

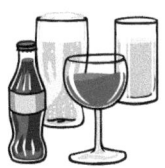

飲料

dranken

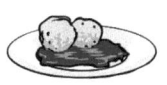

食物

eten

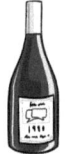

瓶子

fles

速食

fastfood

街邊小吃

eetkraampje

茶壺

theepot

糖盒

suikerpot

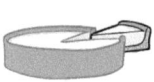

一份飯菜

portie

義式咖啡機

espressomachine

高腳椅

kinderstoel

帳單

rekening

托盤

dienblad

刀

mes

餐叉

vork

勺子

lepel

茶匙

theelepel

餐巾

servet

玻璃杯

glas

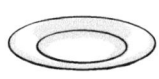

碟子
bord

湯盤
soepbord

碟子
schotel

醬
saus

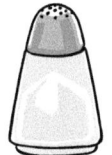

鹽瓶
zoutvaatje

胡椒研磨罐
pepermolen

醋
azijn

食用油
olie

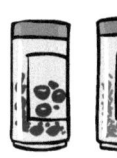

調味料
kruiden

番茄醬
ketchup

芥末
mosterd

美乃滋
mayonaise

超市

supermarkt

特價
aanbieding
FOR
顧客
klant
乳製品
zuivelproducten
水果
fruit
購物車
winkelwagen

BUTCHERS

肉舖

slager

BAKERY

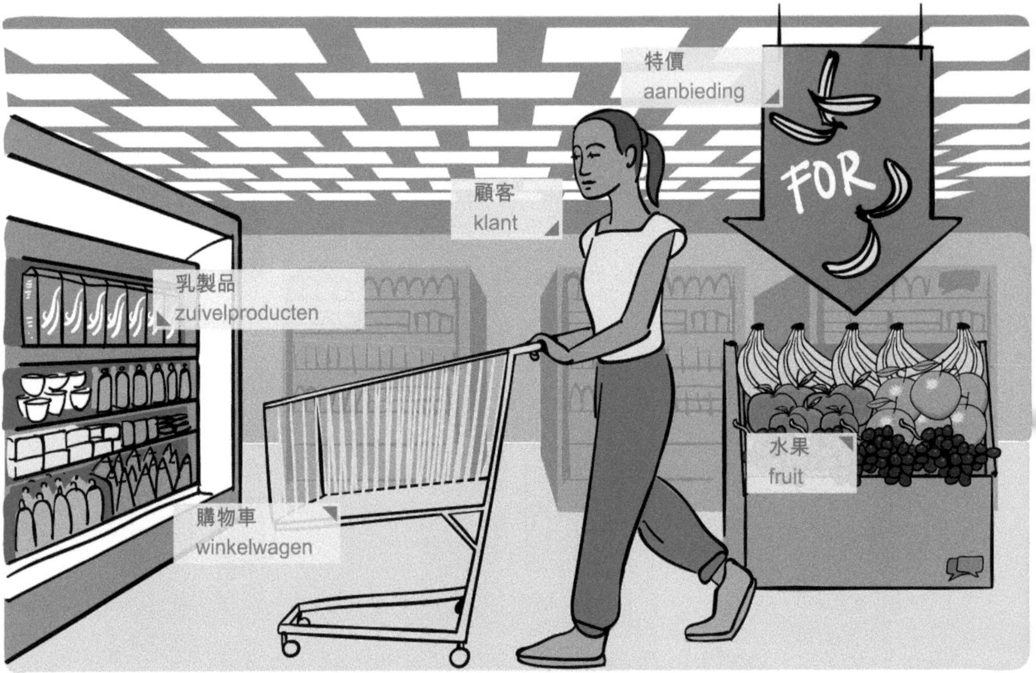

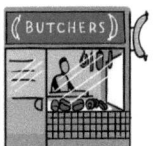

麵包店

bakkerij

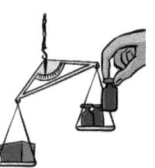

稱重

wegen

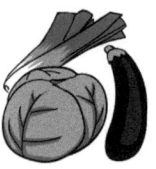

蔬菜

groente

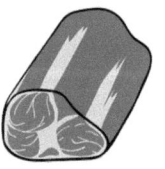

肉

vlees

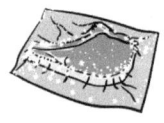

冷凍食品

diepvriesproducten

冷盤
vleeswaren

罐頭食品
conserven

洗衣粉
wasmiddel

甜食
snoepgoed

日用品
huishoudelijke artikelen

清潔用品
schoonmaakmiddel

銷售員
verkoopster

收銀機
kassa

收銀員
kassier

購物清單
boodschappenlijstje

開放時間
openingstijden

錢包
portefeuille

信用卡
creditkaart

袋子
tas

塑膠袋
plastic zak

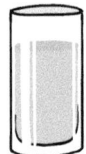

水
water

果汁
sap

牛奶
melk

可樂
cola

紅酒
wijn

啤酒
bier

酒
alcohol

可可
chocolademelk

茶
thee

咖啡
koffie

義式濃縮咖啡
espresso

卡布奇諾
cappuccino

香蕉

banaan

蘋果

appel

柳丁

sinaasappel

西瓜

watermeloen

檸檬

citroen

胡蘿蔔

wortel

大蒜

knoflook

竹子

bamboe

洋蔥

ui

蘑菇

paddenstoel

堅果

noten

麵條

pasta

義大利麵
spaghetti

米飯
rijst

沙拉
salade

薯條
friet

炸馬鈴薯
gebakken aardappelen

披薩餅
pizza

漢堡
hamburger

三明治
sandwich

炸豬排
schnitzel

火腿
ham

義大利臘腸
salami

香腸
worst

雞肉
kip

烤肉
gebraad

魚
vis

燕麥片

havermout

木斯里

muesli

玉米片

cornflakes

麵粉

meel

牛角麵包

croissant

麵包捲

broodjes

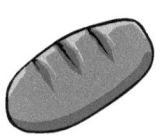

麵包

brood

吐司

toast

餅乾

koekjes

奶油

boter

凝乳

kwark

蛋糕

taart

蛋

ei

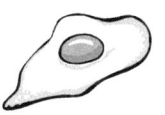

煎蛋

gebakken ei

起司

kaas

冰淇淋

ijs

糖

suiker

蜂蜜

honing

果醬

jam

巧克力醬

chocoladepasta

咖哩

kerrie

農場

boerderij

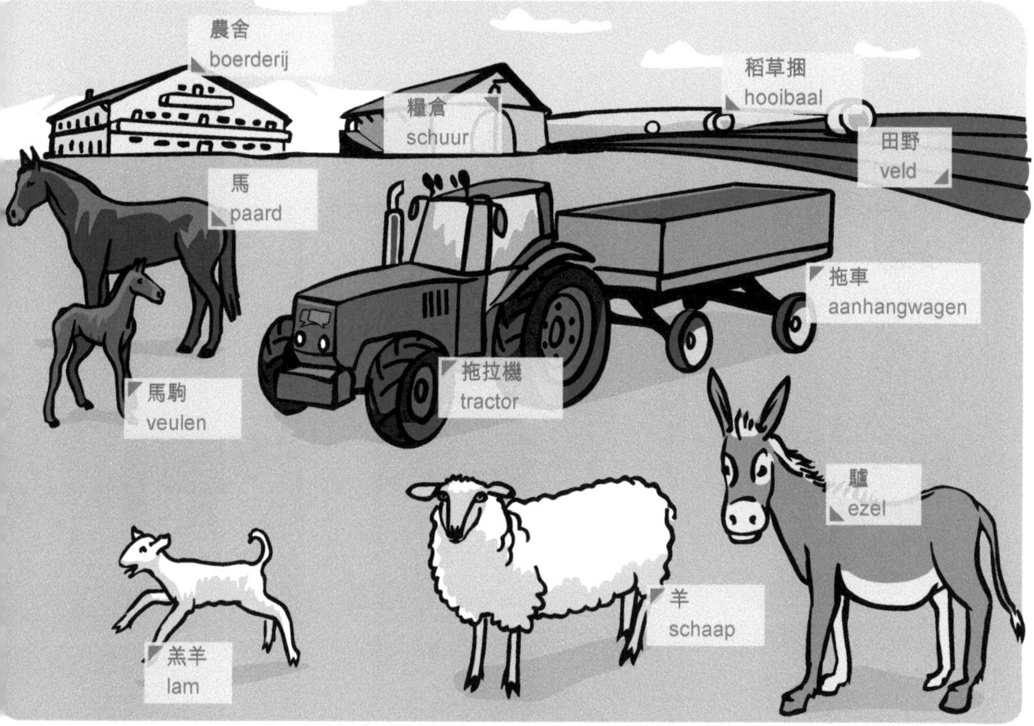
農舍
boerderij
糧倉
schuur
稻草捆
hooibaal
田野
veld
馬
paard
拖車
aanhangwagen
拖拉機
tractor
馬駒
veulen
驢
ezel
羊
schaap
羔羊
lam

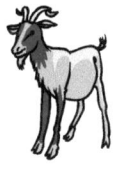

山羊

geit

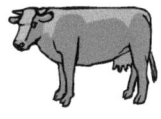

奶牛

koe

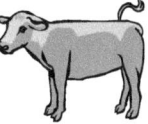

小牛

kalf

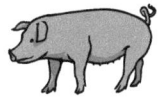

豬

varken

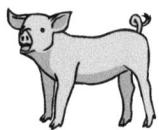

小豬

big

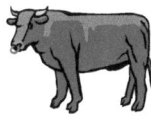

公牛

stier

鵝

gans

鴨

eend

小雞

kuiken

母雞

kip

公雞

haan

鼠

rat

貓

kat

老鼠

muis

牛

os

狗

hond

狗屋

hondenhok

花園澆水軟管

tuinslang

澆水壺

gieter

長柄大鐮刀

zeis

犁

ploeg

鐮刀

sikkel

鋤頭

schoffel

長柄草耙

hooivork

斧頭

bijl

獨輪手推車

kruiwagen

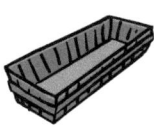

飼料槽

trog

牛奶罐

melkbus

麻布袋

zak

柵欄

hek

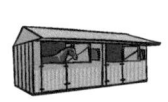

馬廄

stal

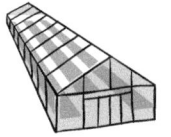

溫室

broeikas

土壤

grond

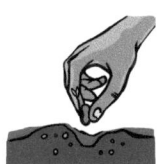

種子

zaad

肥料

mest

聯合收割機

maaidorser

收割

oogsten

收割

oogst

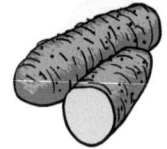

地瓜

yam

小麥

tarwe

大豆

soja

土豆

aardappel

玉米

maïs

油菜籽

koolzaad

果樹

fruitboom

樹薯

maniok

穀物

granen

房子
huis

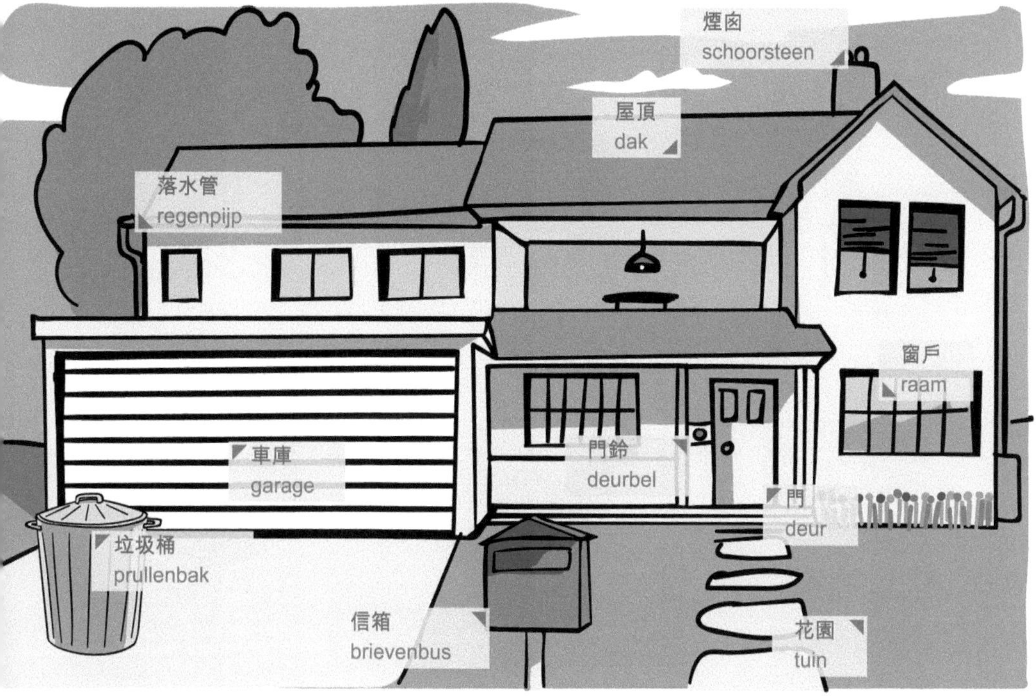
煙囪
schoorsteen
屋頂
dak
落水管
regenpijp
窗戶
raam
車庫
garage
門鈴
deurbel
門
deur
垃圾桶
prullenbak
信箱
brievenbus
花園
tuin

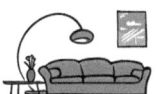

客廳
woonkamer

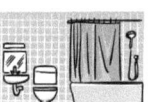

浴室
badkamer

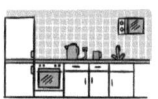

廚房
keuken

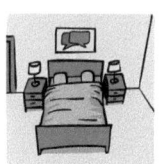

臥室
slaapkamer

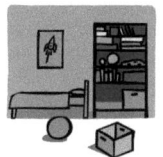

兒童房
kinderkamer

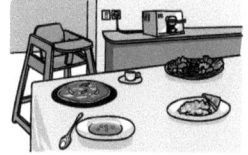

餐廳
eetkamer

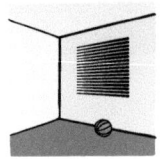

地板

vloer

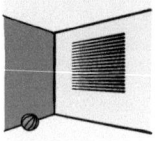

牆壁

muur

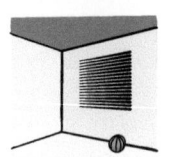

天花板

plafond

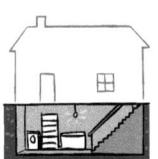

地窖

kelder

三溫暖

sauna

陽臺

balkon

露臺

terras

游泳池

zwembad

割草機

grasmaaier

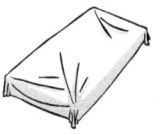

被單

laken

床罩

bedsprei

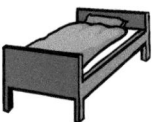

床

bed

掃帚

bezem

水桶

emmer

開關

schakelaar

客廳

woonkamer

壁紙
behang
相片
foto
檯燈
lamp
擱架
plank
櫥櫃
kast
電視
televisie
壁爐
open haard
花
bloem
墊子
kussen
沙發
bankstel
花瓶
vaas
遙控器
afstandsbediening

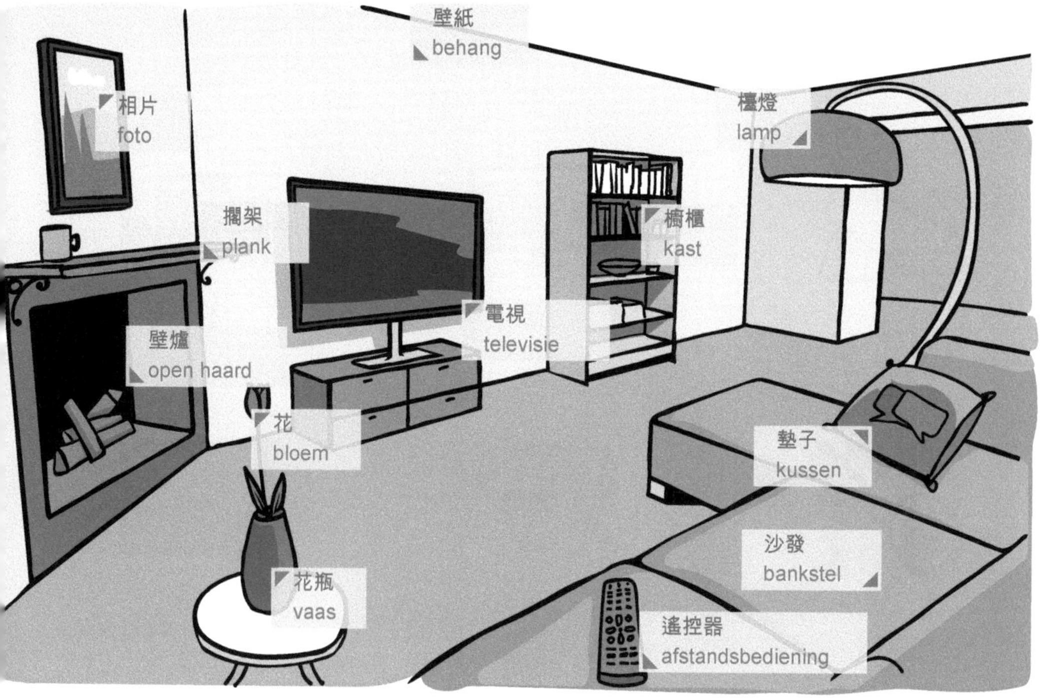

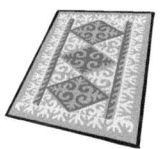

地毯

tapijt

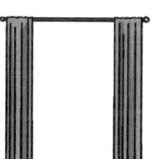

窗簾

gordijn

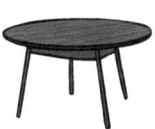

餐桌

tafel

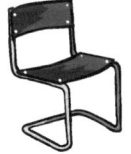

椅子

stoel

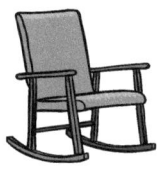

搖椅

schommelstoel

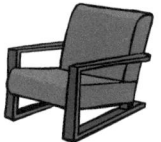

扶手椅

stoel

書
boek

毯子
deken

裝飾品
decoratie

木柴
brandhout

電影
film

高傳真音響
stereo-installatie

鑰匙
sleutel

報紙
krant

油畫
schilderij

海報
poster

收音機
radio

筆記本
kladblok

吸塵器
stofzuiger

仙人掌
cactus

蠟燭
kaars

廚房
keuken

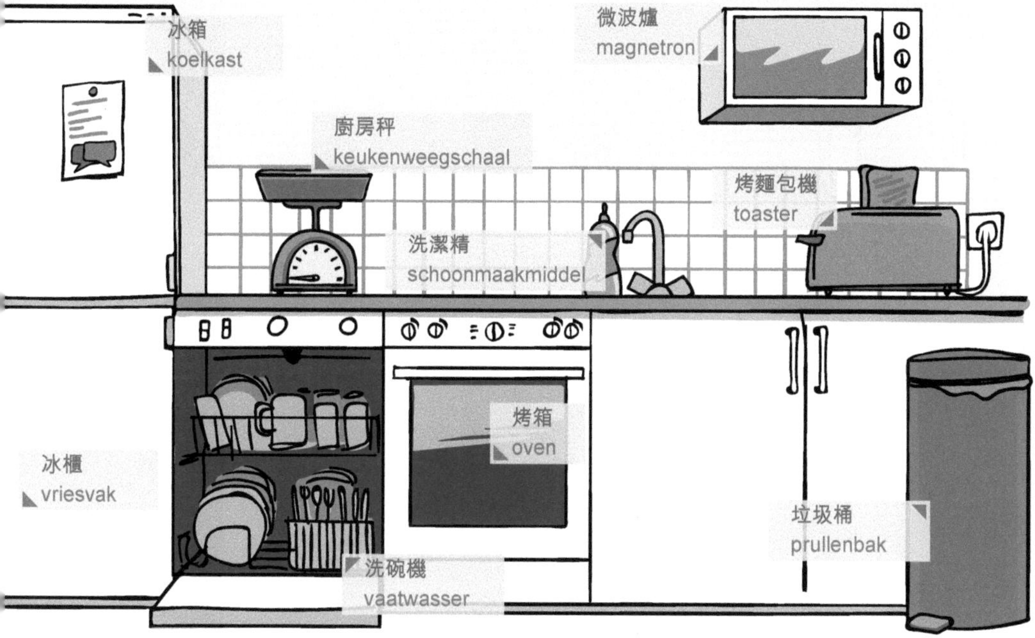

冰箱
koelkast
微波爐
magnetron
廚房秤
keukenweegschaal
烤麵包機
toaster
洗潔精
schoonmaakmiddel
烤箱
oven
冰櫃
vriesvak
垃圾桶
prullenbak
洗碗機
vaatwasser

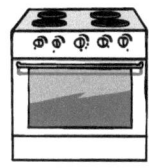

炊具

fornuis

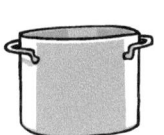

鍋

pan

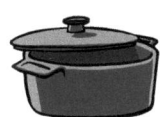

鑄鐵鍋

gietijzeren pan

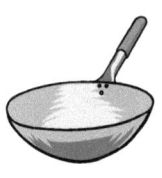

炒鍋

wok / kadai

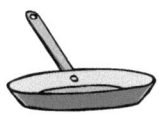

平底鍋

koekenpan

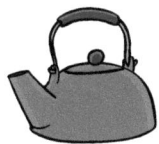

水壺

ketel

蒸鍋

stoomkoker

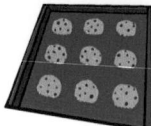

烤盤

bakplaat

陶瓷鍋

servies

馬克杯

beker

碗

kom

筷子

eetstokjes

長柄勺

soeplepel

鏟子

spatel

攪拌器

garde

濾網

vergiet

篩子

zeef

磨碎機

rasp

研缽

vijzel

燒烤

barbecue

明火

vuurhaard

菜板
snijplank

擀麵杖
deegroller

開瓶器
kurkentrekker

罐子
blik

開罐器
blikopener

隔熱手套
pannenlap

水槽
wasbak

刷子
borstel

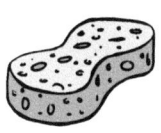

海綿
spons

攪拌機
blender

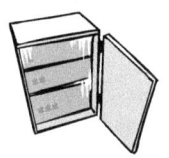

冷藏箱
vriezer

奶瓶
babyflesje

水龍頭
kraan

浴室

badkamer

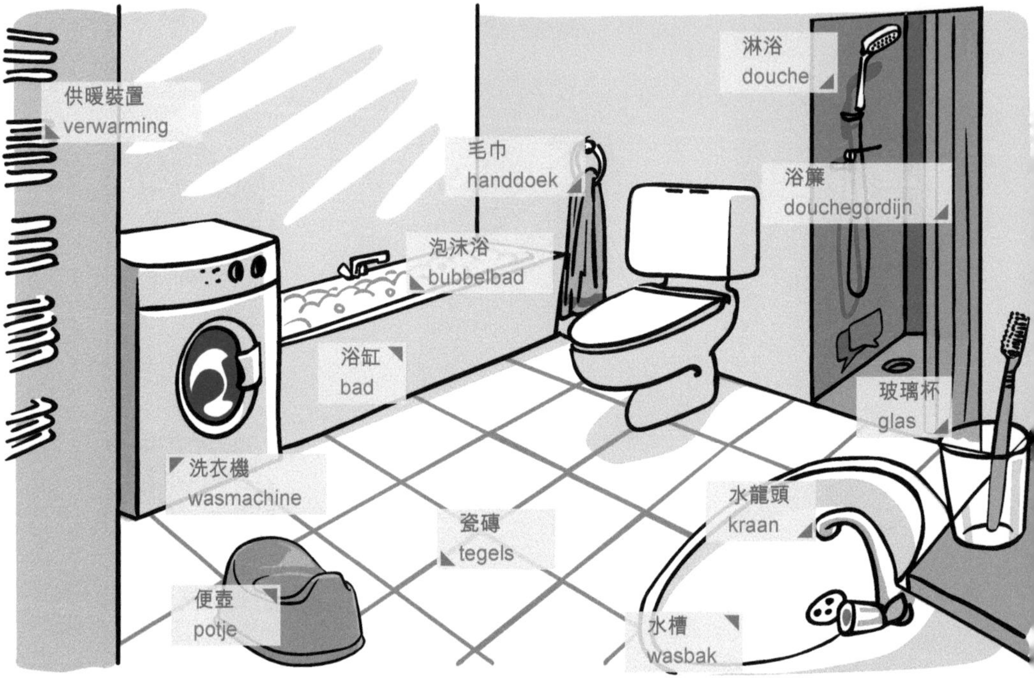

淋浴
douche
供暖裝置
verwarming
毛巾
handdoek
浴簾
douchegordijn
泡沫浴
bubbelbad
浴缸
bad
玻璃杯
glas
洗衣機
wasmachine
水龍頭
kraan
瓷磚
tegels
便壺
potje
水槽
wasbak

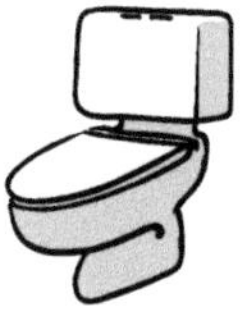

廁所

toilet

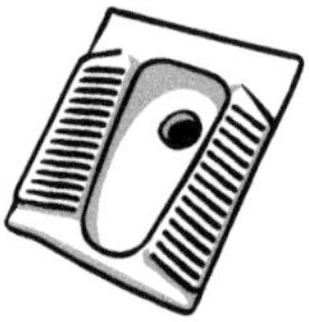

蹲便器

hurktoilet

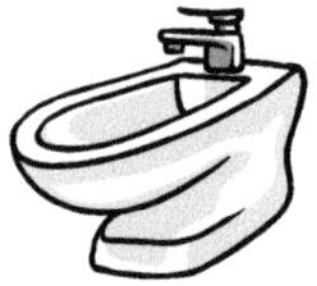

坐浴器

bidet

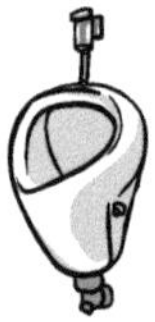

小便斗

urinoir

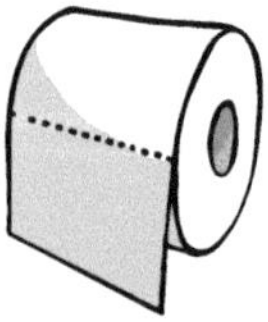

廁紙

toiletpapier

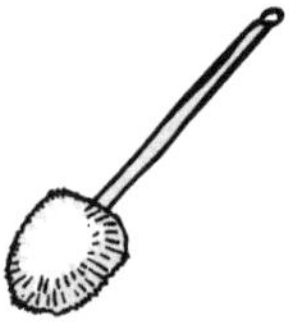

馬桶刷

toiletborstel

牙刷
tandenborstel

牙膏
tandpasta

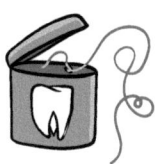

牙線
flosdraad

洗
wassen

手持式蓮蓬頭
handdouche

沖洗器
toiletdouche

洗臉盆
waskom

洗背刷
rugborstel

肥皂
zeep

沐浴露
douchegel

洗髮乳
shampoo

法蘭絨
washanje

排水
afvoer

乳霜
creme

除臭劑
deodorant

浴室 - badkamer

鏡子

spiegel

手鏡

make-upspiegel

刮鬍刀

scheermes

刮鬍泡沫

scheerschuim

鬍後水

aftershave

梳子

kam

刷子

borstel

吹風機

haardroger

噴髮定型劑

haarspray

化妝品

make-up

唇膏

lippenstift

指甲油

nagellak

化妝棉

watten

指甲剪

nagelschaartje

香水

parfum

洗漱包

toilettas

凳子

kruk

計重秤

weegschaal

浴袍

badjas

橡膠手套

rubber handschoenen

衛生棉條

tampon

衛生棉

maandverband

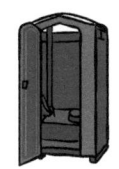

化學廁所

chemisch toilet

兒童房

kinderkamer

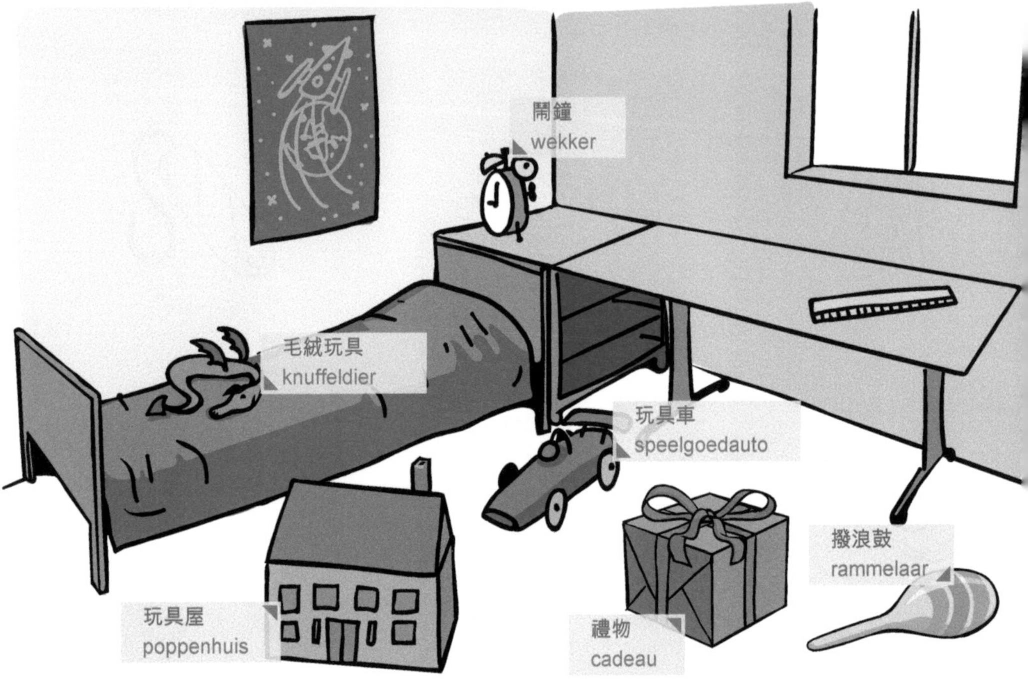

鬧鐘
wekker
毛絨玩具
knuffeldier
玩具車
speelgoedauto
撥浪鼓
rammelaar
玩具屋
poppenhuis
禮物
cadeau

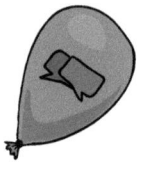

氣球

ballon

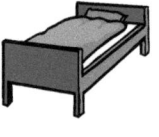

床

bed

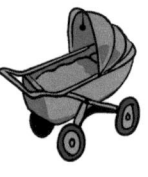

嬰兒車

kinderwagen

撲克牌

kaartspel

拼圖

puzzel

SUPER
MEGA

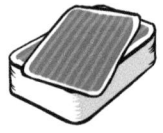

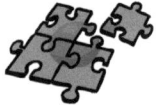

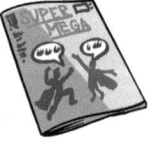

漫畫

stripverhaal

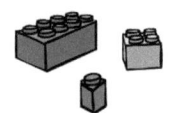

樂高積木

legostenen

積木玩具

speelgoedblokken

公仔

actiefiguurtje

嬰兒服

romper

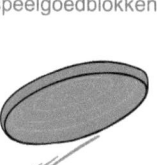

飛盤

frisbee

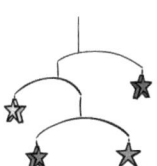

床鈴玩具

mobile

棋盤遊戲

bordspel

骰子

dobbelsteen

火車模型

modeltrein

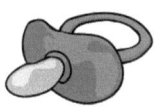

安撫奶嘴

speen

派對

feestje

繪本

prentenboek

球

bal

洋娃娃

pop

玩

spelen

沙坑

zandbak

鞦韆

schommel

玩具

speelgoed

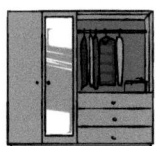

電玩遊戲

spelcomputer

三輪車

driewieler

泰迪熊

teddybeer

衣櫃

kleerkast

衣服

kleding

襪子

sokken

長襪

kousen

緊身褲

panty

圍巾
sjaal

雨傘
paraplu

皮帶
riem

T恤
T-shirt

靴子
laarzen

拖鞋
pantoffels

運動鞋
sportschoenen

涼鞋
sandalen

鞋
schoenen

雨靴
rubberlaarzen

內褲
onderbroek

胸罩
beha

背心
onderhemd

身體
body

褲子
broek

牛仔褲
spijkerbroek

短裙
rok

女式襯衫
blouse

襯衫
overhemd

套頭衫
trui

連帽上衣
hoody

西裝夾克
blazer

夾克
jas

外套
mantel

雨衣
regenjas

套裝
kostuum

連衣裙
jurk

婚紗
trouwjurk

西裝
pak

睡袍
nachthemd

睡衣
pyjama

莎麗
sari

頭巾
hoofddoek

包頭巾
tulband

波卡
boerka

卡夫坦
kaftan

(阿拉伯式)長袍
abaja

泳衣
zwempak

男式泳褲
zwembroek

短褲
korte broek

運動服
trainingspak

圍裙
schort

手套
handschoenen

衣服 - kleding

鈕扣

knoop

眼鏡

bril

手鏈

armband

項鍊

ketting

戒指

ring

耳環

oorbel

便帽

pet

衣架

kledinghanger

帽子

hoed

領帶

stropdas

拉鍊

rits

安全帽

helm

背帶

bretels

校服

schooluniform

制服

uniform

圍兜

slabbetje

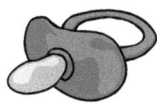

安撫奶嘴

speen

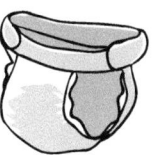

尿布

luier

辦公室
kantoor

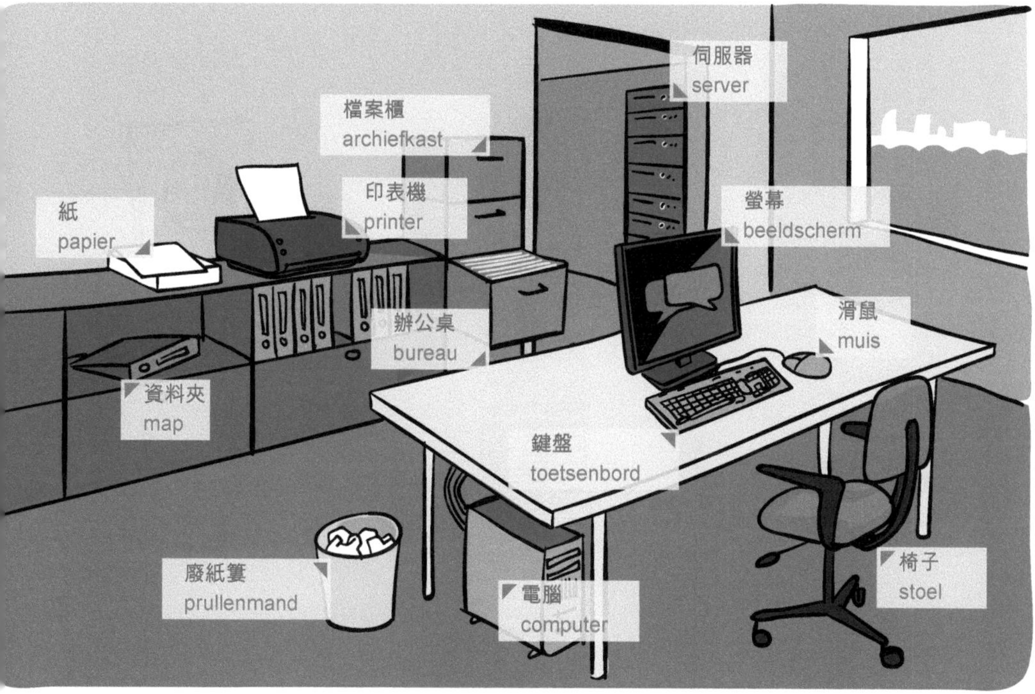

伺服器
server

檔案櫃
archiefkast

印表機
printer

螢幕
beeldscherm

紙
papier

辦公桌
bureau

滑鼠
muis

資料夾
map

鍵盤
toetsenbord

廢紙簍
prullenmand

電腦
computer

椅子
stoel

咖啡杯

koffiemok

計算機

rekenmachine

網際網路

internet

筆記型電腦

laptop

信件

brief

簡訊

bericht

行動電話

mobiele telefoon

網路

netwerk

影印機

kopieermachine

軟體

software

電話

telefoon

插座

stopcontact

傳真機

fax

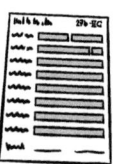

表格

formulier

檔案

document

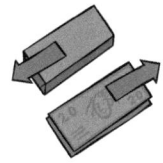

買

kopen

付錢

betalen

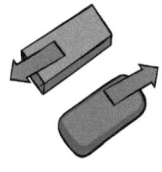

交易

handel drijven

現金

geld

美元

dollar

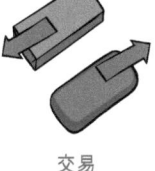

歐元

euro

日元

yen

盧布

roebel

瑞士法郎

Zwitserse frank

人民幣

renminbi yuan

盧比

roepie

提款處

geldautomaat

外幣兌換處
wisselkantoor

金
goud

銀
zilver

石油
olie

能源
energie

價格
prijs

合約
contract

稅金
belasting

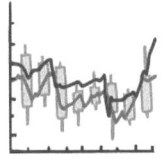

股票
aandeel

工作
werken

職員
werknemer

老闆
werkgever

工廠
fabriek

商店
winkel

職業

beroepen

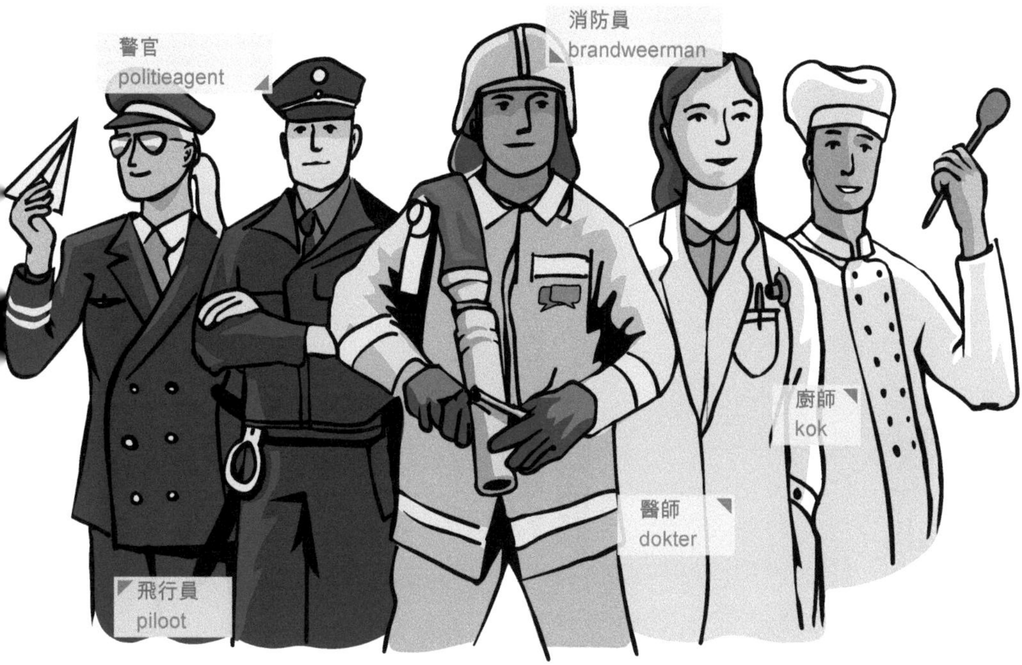
警官
politieagent
消防員
brandweerman
廚師
kok
醫師
dokter
飛行員
piloot

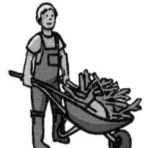

園丁

tuinman

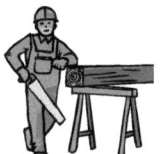

木匠

timmerman

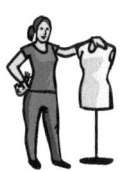

裁縫

naaister

法官

rechter

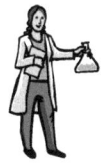

化學家

scheikundige

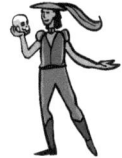

演員

toneelspeler

公車司機

buschauffeur

計程車司機

taxichauffeur

漁夫

visser

清洗女工

schoonmaakster

屋頂工

dakdekker

服務生

ober

獵人

jager

畫家

schilder

麵包師

bakker

電工

elektricien

建築工人

bouwvakker

工程師

ingenieur

屠夫

slager

水管工

loodgieter

郵差

postbode

士兵

soldaat

建築師

architect

收銀員

kassier

花農

bloemist

理髮師

kapper

售票員

conducteur

機械技師

monteur

船長

kapitein

牙醫

tandarts

科學家

wetenschapper

拉比

rabbi

伊瑪目

imam

和尚

monnik

牧師

pastoor

gereedschap

鐵錘
hamer

鉗子
tang

螺絲起子
schroevendraaier

扳手
moersleutel

手電筒
zaklamp

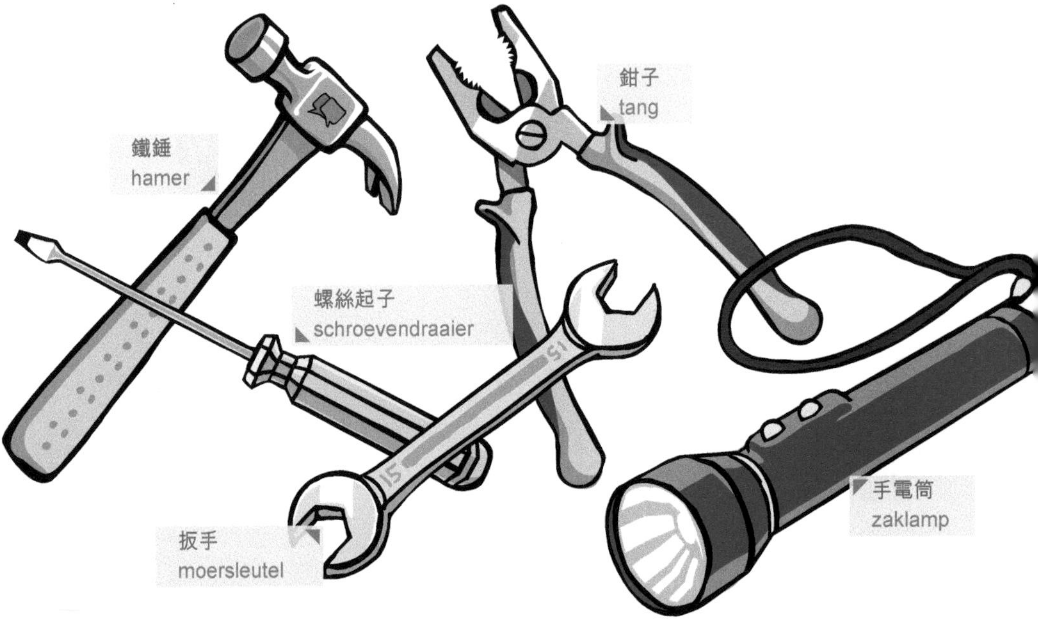

挖掘機

graafmachine

工具箱

gereedschapskist

梯子

ladder

鋸子

zaag

釘子

spijkers

鑽機

boor

修
repareren

鏟子
schep

糟糕！
Verdorie!

畚箕
stofblik

油漆桶
verfpot

螺絲
schroeven

樂器

muziekinstrumenten

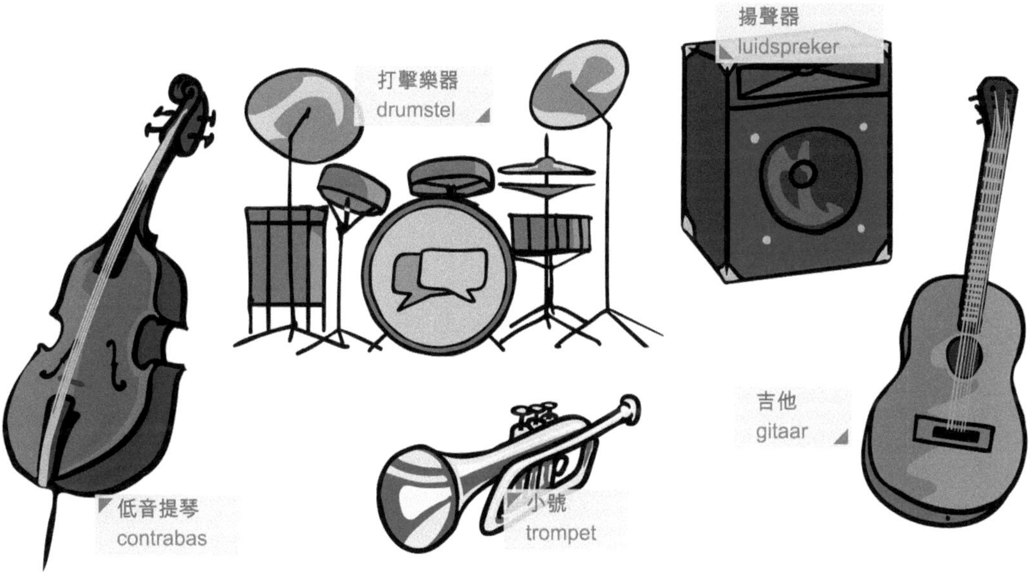

打擊樂器
drumstel

揚聲器
luidspreker

吉他
gitaar

低音提琴
contrabas

小號
trompet

鋼琴
piano

小提琴
viool

貝斯
bas

定音鼓
pauk

鼓
trommel

電子琴
keyboard

薩克斯風
saxofoon

長笛
fluit

麥克風
microfoon

動物園
dierentuin

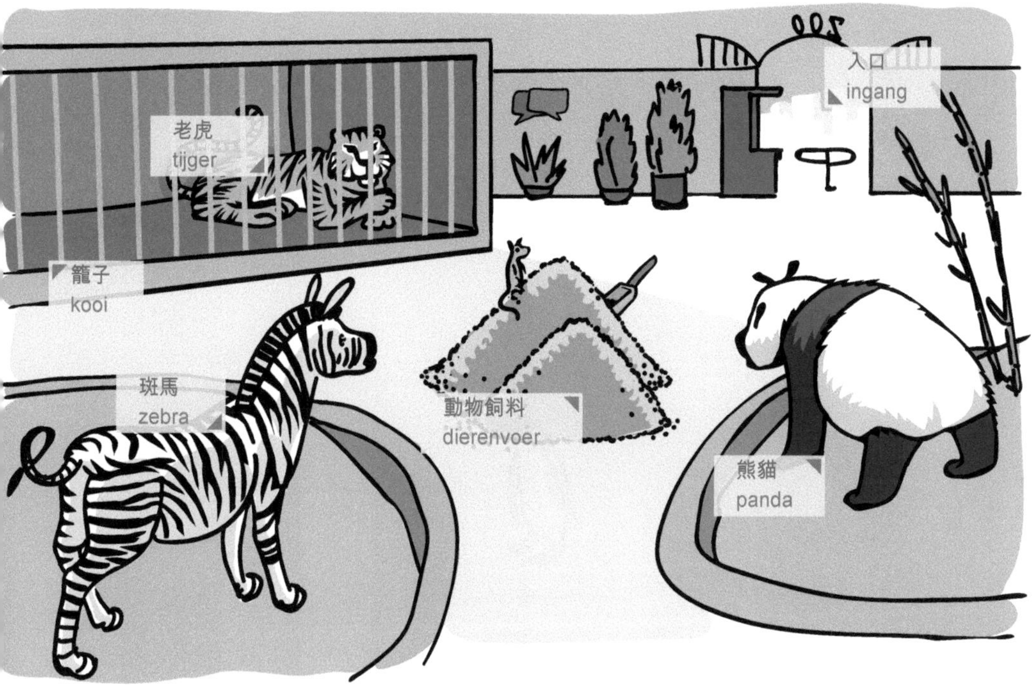
入口
ingang
老虎
tijger
籠子
kooi
斑馬
zebra
動物飼料
dierenvoer
熊貓
panda

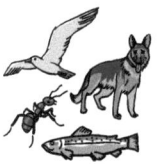

動物

dieren

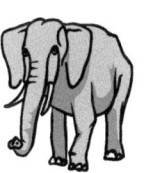

大象

olifant

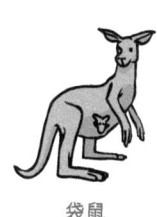

袋鼠

kangoeroe

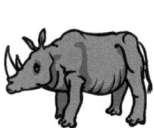

犀牛

neushoorn

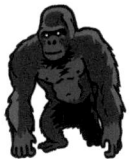

大猩猩

gorilla

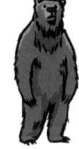

熊

beer

駱駝

kameel

鴕鳥

struisvogel

獅子

leeuw

猴子

aap

紅鶴

flamingo

鸚鵡

papegaai

北極熊

ijsbeer

企鵝

pinguïn

鯊魚

haai

孔雀

pauw

蛇

slang

鱷魚

krokodil

動物園管理員

dierenverzorger

海豹

zeehond

美洲豹

jaguar

矮種馬
pony

豹
luipaard

河馬
nijlpaard

長頸鹿
giraffe

老鷹
adelaar

野豬
wild zwijn

魚
vis

龜
schildpad

海象
walrus

狐狸
vos

羚羊
gazelle

橄欖球
American football

騎腳踏車
wielrennen

網球
tennis

籃球
basketbal

游泳
zwemmen

拳擊
boksen

冰球
ijshockey

美式足球
voetbal

羽毛球
badminton

田徑
atletiek

手球
handbal

滑雪
skiën

馬球
polo

跳
springen

擁抱
knuffelen

笑
lachen

走路
lopen

唱
zingen

做夢
dromen

祈禱
bidden

親吻
kussen

書寫
schrijven

畫
tekenen

展示
tonen

推
duwen

給
geven

拿
oppakken

有
hebben

做
doen

當
zijn

站
staan

跑
rennen

拉
trekken

丟
gooien

摔倒
vallen

躺
liggen

等待
wachten

攜帶
dragen

坐
zitten

穿衣
aankleden

睡覺
slapen

醒來
wakker worden

看

bekijken

哭

huilen

擊

strelen

梳頭

kammen

交談

praten

明白

begrijpen

問

vragen

聽

horen

喝

drinken

吃

eten

清理

opruimen

愛

houden van

做飯

koken

開車

rijden

飛

vliegen

活動 - activiteiten

航行
zeilen

計算
rekenen

讀
lezen

學習
leren

工作
werken

結婚
trouwen

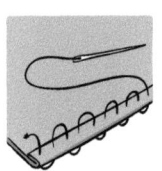

縫
naaien

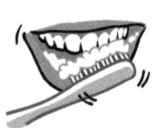

刷牙
tandenpoetsen

殺
doden

抽菸
roken

寄
verzenden

活動 - activiteiten

家

familie

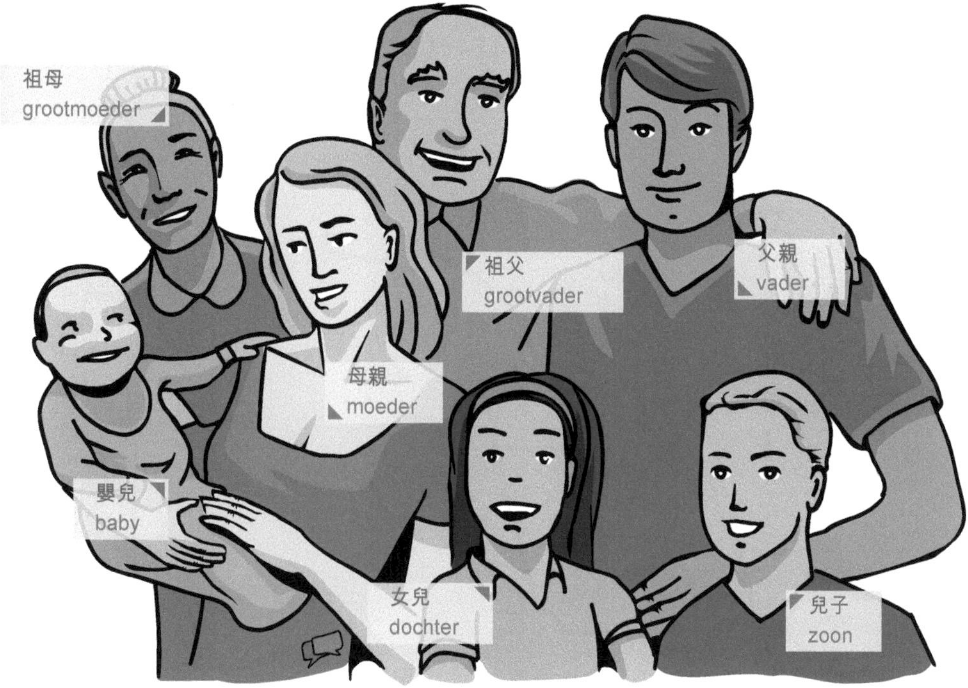

祖母
grootmoeder
祖父
grootvader
父親
vader
母親
moeder
嬰兒
baby
女兒
dochter
兒子
zoon

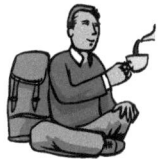

客人

gast

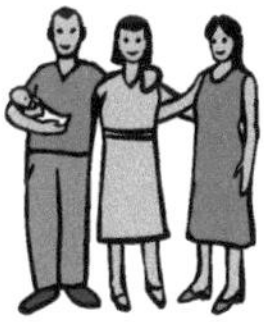

阿姨

tante

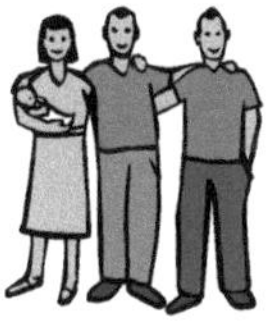

叔叔

oom

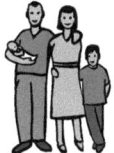

兄弟

broer

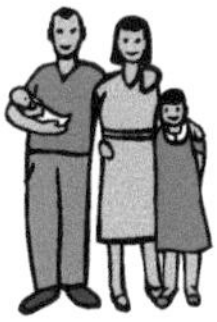

姐妹

zus

身體

lichaam

前額
voorhoofd
眼睛
oog
臉
gezicht
下巴
kin
手指
vinger
手
hand
乳房
borst
手臂
arm
肩膀
schouder
腿
been

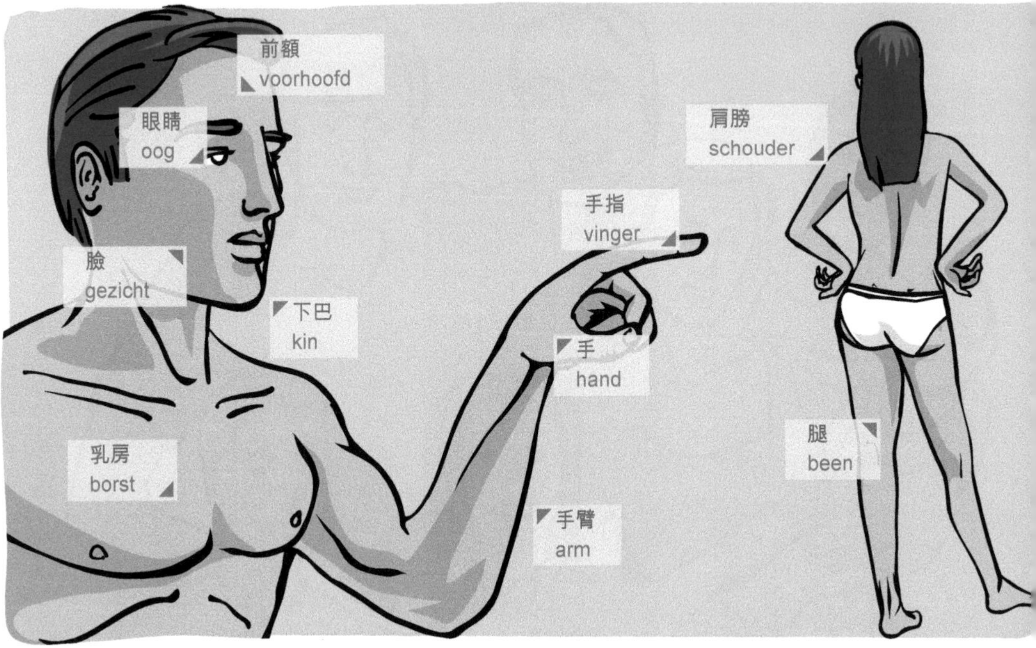

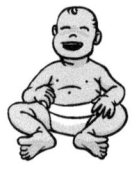

嬰兒

baby

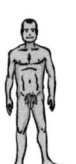

男人

man

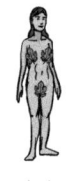

女人

vrouw

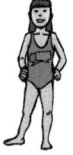

女孩

meisje

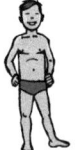

男孩

jongen

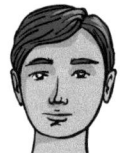

頭

hoofd

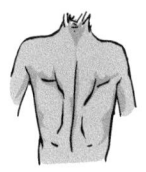

背部

rug

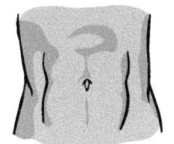

肚子

buik

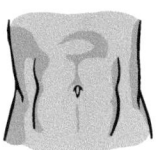

肚臍

navel

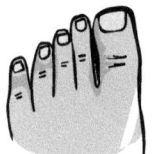

腳趾

teen

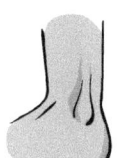

腳後跟

hiel

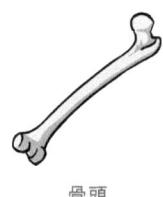

骨頭

bot

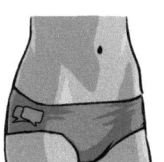

臀部

heup

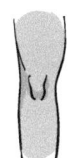

膝蓋

knie

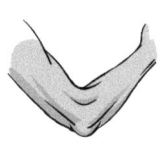

手肘

elleboog

鼻子

neus

屁股

achterwerk

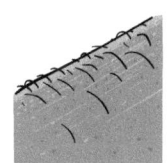

皮膚

huid

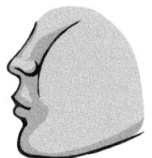

臉頰

wang

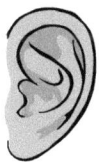

耳朵

oor

嘴唇

lippen

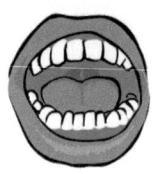

嘴
mond

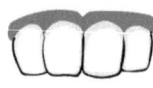

牙齒
tand

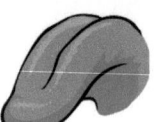

舌頭
tong

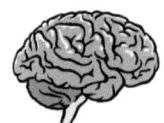

腦
hersenen

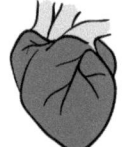

心臟
hart

肌肉
spier

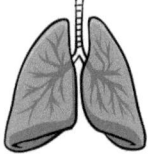

肺
long

肝臟
lever

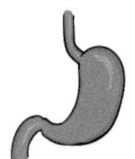

胃
maag

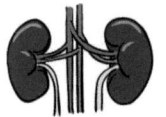

腎臟
nieren

性交
geslachtsgemeenschap

保險套
condoom

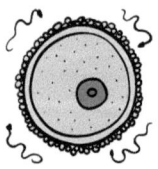

卵子
eicel

精子
sperma

懷孕
zwangerschap

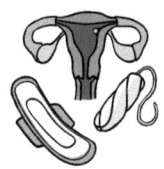

月事

menstruatie

陰道

vagina

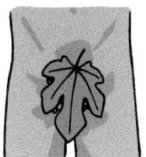

陰莖

penis

眉毛

wenkbrauw

頭髮

haar

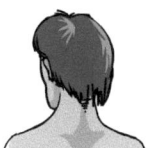

脖子

hals

醫院

ziekenhuis

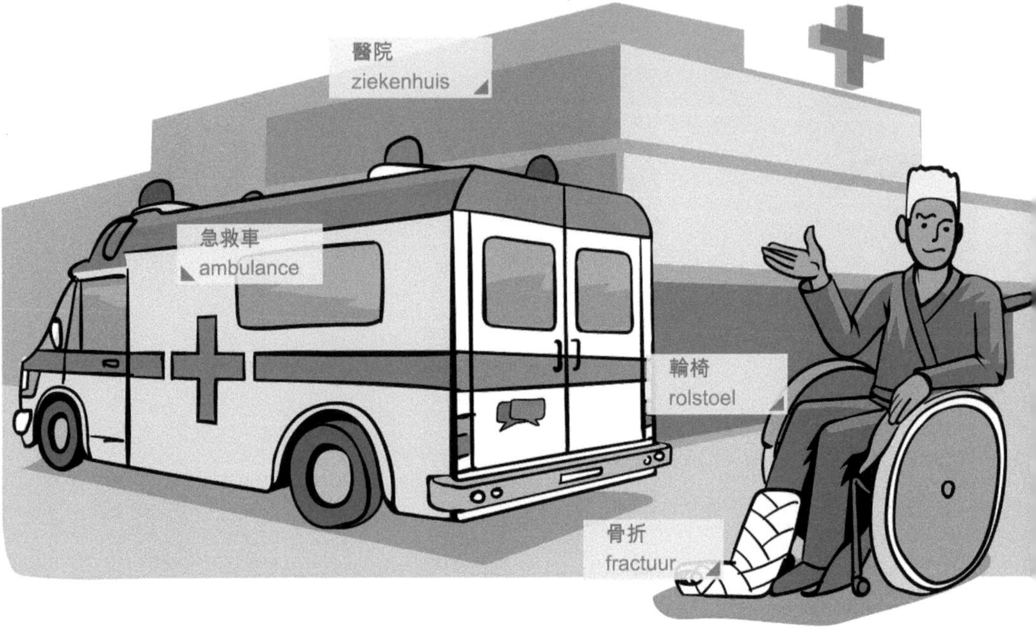

醫院
ziekenhuis
急救車
ambulance
輪椅
rolstoel
骨折
fractuur

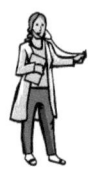

醫師

dokter

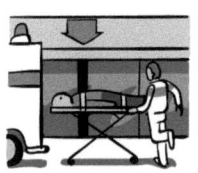

急診室

EHBO

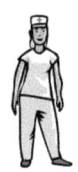

護理師

verpleegster

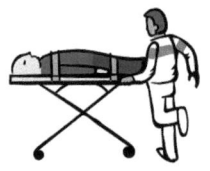

緊急情形

noodgeval

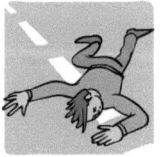

昏迷

bewusteloos

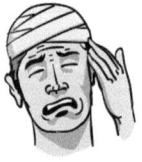

痛

pijn

受傷

verwonding

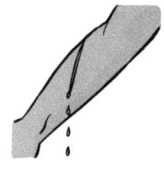

出血

bloeding

心臟病發作

hartaanval

中風

beroerte

過敏

allergie

咳嗽

hoest

發燒

koorts

流感

griep

腹瀉

diarree

頭痛

hoofdpijn

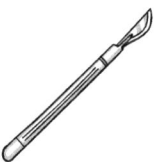

癌症

kanker

糖尿病

diabetes

外科醫師

chirurg

手術刀

scalpel

手術

operatie

電腦斷層掃描

CT

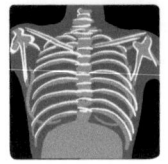

X光

röntgen

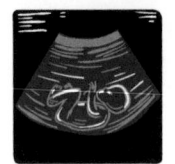

超音波

echografie

口罩

gezichtsmasker

疾病

ziekte

候診室

wachtkamer

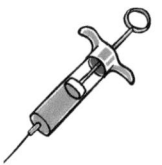

拐杖

kruk

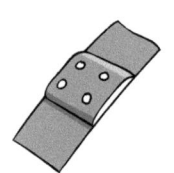

石膏

pleister

繃帶

verband

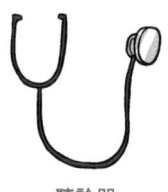

注射

injectie

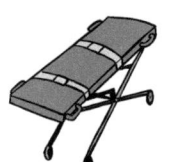

聽診器

stethoscoop

擔架

brancard

體溫計

thermometer

出生

geboorte

超重

overgewicht

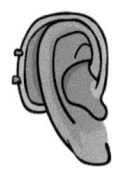

助聽器

gehoorapparaat

消毒液

ontsmettingsmiddel

感染

infectie

病毒

virus

愛滋病

HIV / AIDS

藥物

medicijn

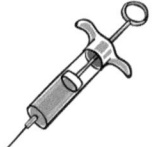

接種疫苗

inenting

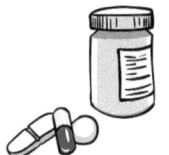

藥片

tabletten

藥丸

pil

急救電話

alarmnummer

血壓計

bloeddrukmeter

生病/健康

ziek / gezond

救命！
Help!

警報
alarm

突擊
overval

攻擊
aanval

危險
gevaar

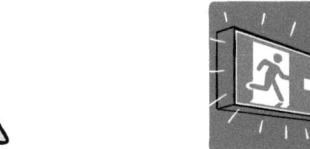

緊急出口
nooduitgang

失火了！
Brand!

滅火器
brandblusser

意外
ongeluk

急救箱
EHBO-koffer

呼救訊號
SOS

員警
politie

歐洲

Europa

北美洲

Noord-Amerika

南美洲

Zuid-Amerika

非洲

Afrika

亞洲

Azië

澳洲

Australië

大西洋

Atlantische Oceaan

太平洋

Stille Oceaan

印度洋

Indische Oceaan

南冰洋

Zuidelijke Oceaan

北冰洋

Noordelijke IJszee

北極

Noordpool

南極

Zuidpool

南極洲

Antarctica

地球

aarde

陸地

land

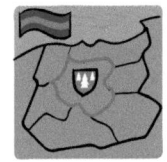

海

zee

島

eiland

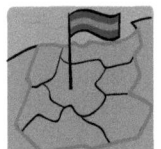

國家

natie

州

staat

錶盤

wijzerplaat

時針

uurwijzer

分針

minutenwijzer

秒針

secondewijzer

現在幾點？

Hoe laat is het?

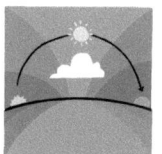

天

dag

時間

tijd

現在

nu

電子錶

digitaal horloge

分

minuut

時

uur

週

week

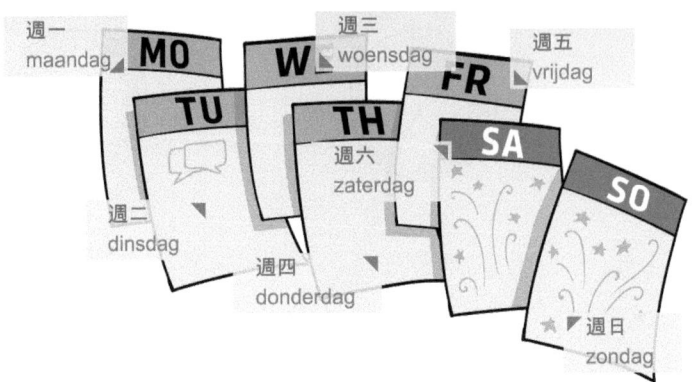

週一 — maandag
週二 — dinsdag
週三 — woensdag
週四 — donderdag
週五 — vrijdag
週六 — zaterdag
週日 — zondag

MO TU W TH FR SA SO

昨天

gisteren

今天

vandaag

明天

morgen

早晨

ochtend

中午

middag

晚上

avond

MO	TU	WE	TH	FR	SA	SU
1	2	3	4	5	6	7
8	9	10	11	12	13	14
15	16	17	18	19	20	21
22	23	24	25	26	27	28
29	30	31	1	2	3	4

工作日

werkdagen

週末

weekend

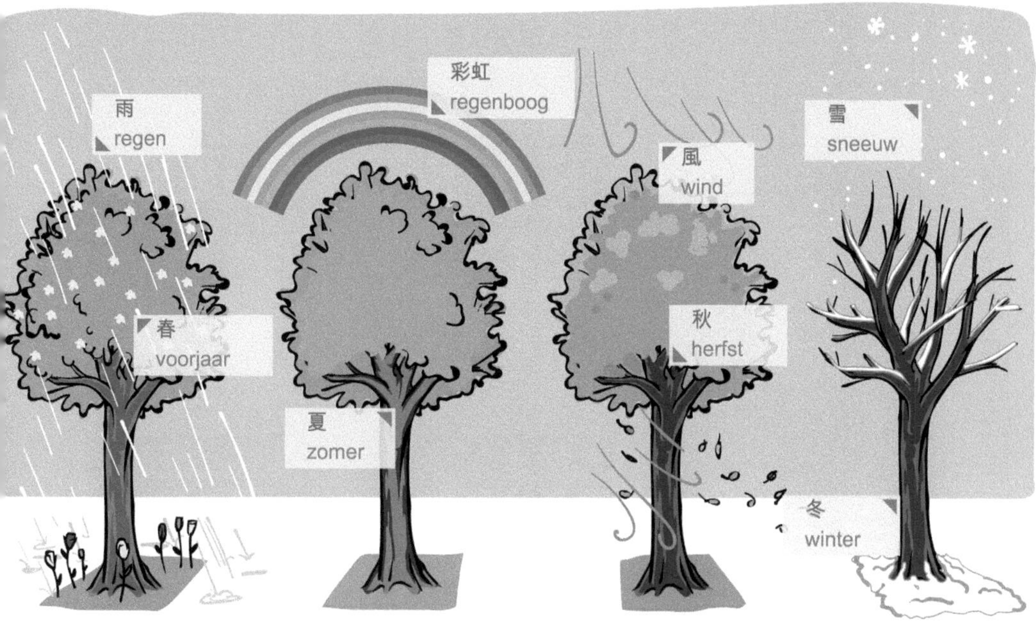

雨
regen

彩虹
regenboog

風
wind

雪
sneeuw

春
voorjaar

夏
zomer

秋
herfst

冬
winter

天氣預告
weerbericht

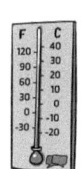

溫度計
thermometer

陽光
zonneschijn

雲
wolk

霧
mist

潮濕
luchtvochtigheid

閃電

bliksem

打雷

donder

風暴

storm

冰雹

hagel

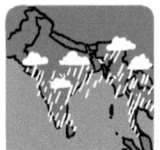

季風

moesson

洪水

overstroming

冰

ijs

一月

januari

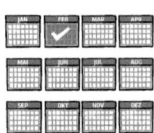

二月

februari

三月

maart

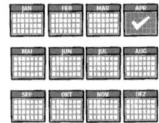

四月

april

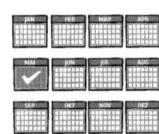

五月

mei

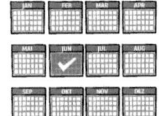

六月

juni

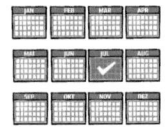

七月

juli

八月

augustus

年 - jaar

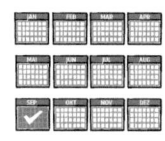

九月

september

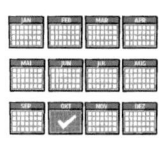

十月

oktober

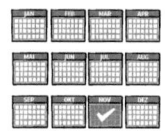

十一月

november

十二月

december

形狀

vormen

圓形

cirkel

正方形

vierkant

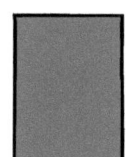

長方形

rechthoek

三角形

driehoek

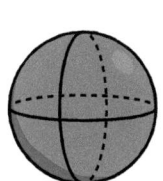

球體

bol

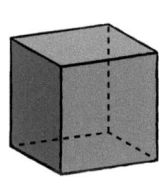

立方體

kubus

白

wit

黃

geel

橙

oranje

粉

roze

紅

rood

紫

paars

藍

blauw

綠

groen

棕

bruin

灰

grijs

黑

zwart

很多/少許

veel / weinig

生氣/平靜

boos / rustig

美/醜

mooi / lelijk

首/尾

begin / einde

大/小

groot / klein

明/暗

licht / donker

兄弟/姐妹

broer / zus

乾淨/骯髒

schoon / vies

完整/缺失

volledig / onvolledig

白天/晚上

dag/ nacht

死/生

dood / levend

寬/窄

breed / smal

可食用/非食用

eetbaar / oneetbaar

邪惡/善良

gemeen / aardig

興奮/無聊

opgewonden / verveeld

胖/瘦

dik / dun

第一/最後

eerste / laatste

朋友/敵人

vriend / vijand

滿/空

vol / leeg

硬/軟

hard / zacht

重/輕

zwaar / licht

餓/渴

honger / dorst

生病/健康

ziek / gezond

非法/合法

illegaal / legaal

聰明/愚笨

intelligent / dom

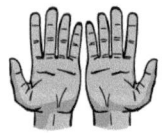

左/右

links / rechts

近/遠

dichtbij / ver

新/舊

nieuw / gebruikt

沒有/有些

niets / iets

老/幼

oud / jong

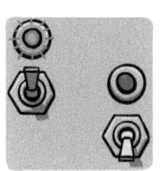

開/關

aan / uit

打開/闔上

open / gesloten

安靜/吵鬧

zacht / luid

富/窮

rijk / arm

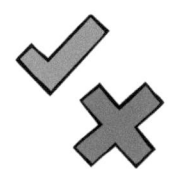

對/錯

goed / fout

粗糙/光滑

ruw / glad

傷心/高興

verdrietig / gelukkig

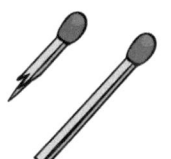

短/長

kort / lang

慢/快

langzaam / snel

濕/乾

nat / droog

溫暖/涼爽

warm / koel

戰爭/和平

oorlog / vrede

0

零

nul

1

一

één

2

二

twee

3

三

drie

4

四

vier

5

五

vijf

6

六

zes

7

七

zeven

8

八

acht

9

九

negen

10

十

tien

11

十一

elf

12
十二
twaalf

13
十三
dertien

14
十四
veertien

15
十五
vijftien

16
十六
zestien

17
十七
zeventien

18
十八
achttien

19
十九
negentien

20
二十
twintig

100
百
honderd

1.000
千
duizend

1.000.000
百萬
miljoen

英語
Engels

美式英語
Amerikaans Engels

普通話
Chinees Mandarijn

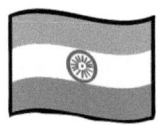

印地語
Hindi

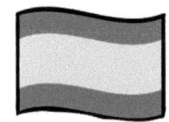

西班牙語
Spaans

法語
Frans

阿拉伯語
Arabisch

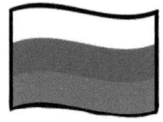

俄語
Russisch

葡萄牙語
Portugees

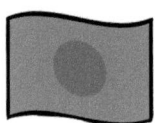

孟加拉語
Bengalees

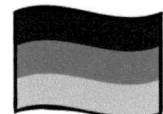

德語
Duits

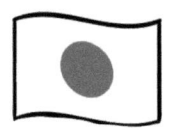

日語
Japans

我
ik

你
jij

他/她/它
hij / zij / het

我們
wij

你們
jullie

他們
zij

誰？
wie?

什麼？
wat?

如何？
hoe?

何處？
waar?

何時？
wanneer?

名字
naam

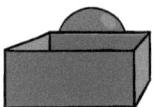

後面

achter

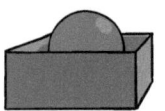

裡面

in

前面

voor

上方

boven

上面

op

下麵

onder

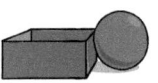

旁邊

naast

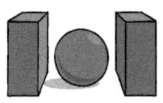

中間

tussen

地點

plaats